AF403901

EXTRAIT DU CATALOGUE GÉNÉRAL

PARFUMERIE-SAVONNERIE

BRUNIER

BREVETÉ s. g. d. g.

F. MILLOT, Successeur

PARIS

91, Rue du Faubourg-Saint-Martin, 91

LONDRES, 95, Hatton Garden.

ENTREPOT GÉNÉRAL A AUBERVILLIERS (Seine).

EXTRAIT DU CATALOGUE GÉNÉRAL

PARFUMERIE - SAVONNERIE

BRUNIER

BREVETÉ s. g. d. g.

F. MILLOT, Successeur

PARIS

91, Rue du Faubourg-Saint-Martin, 91

LONDRES, 95, Hatton Garden.

ENTREPOT GÉNÉRAL A AUBERVILLIERS (Seine).

BIBLIOTHÈQUE R.F. IMPRIMÉS — DÉPÔT LÉGAL Seine

PARIS. — IMPRIMERIE DE CH. CHAUMONT

6, RUE SAINT-SPIRE, 6.

BIBLIOTHÈQUE NATIONALE — R.F.

Je rappelle votre attention sur deux Spécialités, de genres différents, que j'ai créées depuis quelque temps, et qui sont appelées à un succès réel, à en juger par les demandes nombreuses dont elles sont l'objet.

Je veux parler de l'**Eau Magique** et du **Servacome**.

L'**Eau Magique** (page 16) est un produit rendant graduellement aux Cheveux et à la Barbe leur *couleur naturelle* et primitive; d'un parfum agréable et d'une innocuité complète, son action, au contraire, est d'un effet précieux sur la Chevelure et la Barbe qu'elle fortifie et assouplit.

Le **Servacome** (Eau et Pommade, page 17) est une préparation *essentiellement hygiénique*, composée d'après les conseils et ordonnances de médecins distingués. Sa propriété est de guérir des pellicules et démangeaisons occasionnées par le *Pytiriasis* du cuir chevelu, maladie déterminant la décoloration et la chute des Cheveux.

Les heureuses combinaisons chimiques et les soins minutieux apportés à la préparation de ces deux produits spéciaux, ainsi que les résultats satisfaisants et irréfragables obtenus par les personnes qui en font usage, m'autorisent à vous engager à leur confier votre appui auprès de votre clientèle, convaincu à l'avance de la satisfaction que vous en obtiendrez sous tous les rapports.

Veuillez agréer, M   , mes salutations empressées.

F. MILLOT.

INSTRUCTIONS A OBSERVER

Pour la transmission des Ordres.

1° **Désignation des Articles.** — Indiquer, outre la désignation des articles, leur *numéro* et *prix* ainsi que les *odeurs préférées* dans les assortiments.

2° **Articles en gros.** — Spécifier la nature des contenants : pour les *pommades*, boîtes de ferblanc, pots de faïence ou autres ; pour les *liquides*, estagnons de ferblanc ou litres de verre noir ; *les contenants seront facturés en dehors, au prix du Tarif spécial, page 52.*

3° **Mode d'emballage.** — Indiquer si l'emballage doit être fait en caisse ou en malle ; *les emballages seront facturés en dehors, au prix du Tarif spécial, page 52.*

4° **Mode de transport.** — Spécifier le mode de transport : pour le continent, par messager, bateau ou chemin de fer, petite ou grande vitesse, en gare ou à domicile ; pour les pays d'outre-mer, par navire à voile ou par vapeur.

5° **Exportation.** — Indiquer la région à laquelle sont destinés les produits. Ce renseignement est indispensable pour conformer la fabrication des Pommades et Cosmétiques à la température du pays de consommation.

6° **NOTA.** — La marchandise voyage aux risques et périls du *destinataire*, qui doit, s'il en est nécessaire, établir, en temps opportun, son recours contre les Compagnies de transport.

AVIS IMPORTANT

Pour prémunir ma clientèle contre les concurrences déloyales et mettre mes produits à l'abri de la contrefaçon, chaque article sortant de mes laboratoires doit être revêtu d'un **Cachet de garantie,** portant, comme celui ci-contre, la signature **Brunier,** qui en atteste l'authenticité.

EXTRAIT DU CATALOGUE GÉNÉRAL

PARFUMERIE · SAVONNERIE

BRUNIER

F. MILLOT, Successeur

Nᵒˢ D'ORDRE	DÉSIGNATION DES ARTICLES	PRIX A LA DOUZAINE	

POMMADES DIVERSES

PHILOCOMES

POMMADE SURFINE

CHOIX D'ODEURS DES POMMADES SURFINES

Rose blanche.	Violette de Parme.	Vanille blanche.	Bouquet.
Fleur d'Oranger.	Quinine.	Rhum.	Mille-Fleurs.
Aubépine.	Mousseline.	Portugal.	Jasmin.
Héliotrope.	Œillet.	Citron.	Verveine.
Bergamotte.	Patchouly.	Rose rose.	Vanille brune.

Nᵒˢ	Désignation	Prix	
1	**PHILOCOME BRUNIER**, Fl. gourde, verre opale, capsulé.........	6	50
2	— — id.. id..... id.. blanc.. id............	6	50
3	— — id.. id... vase opale... id............	8	»
584	— — id. gourde.. verre blanc. id............	6	»
5	**PHILOCOME**, Fl. lyre, petit Mod. capsulé........	4	»
607	— id.. id.. gros id.. bouché sifflet...................	10	»
480	— id. poire, capsulé.........................	6	50

Nos D'ORDRE	DÉSIGNATION DES ARTICLES	PRIX A LA DOUZAINE	
	Suite des PHILOCOMES		
481	**PHILOCOME**, Fl. ovale bas, capsulé..........................	6	50
527	— id. bouché bois à vis.........................	10	»
528	— id... id... id.... id.	10	»
603	-- id. boule à écusson.	10	»
8	**PHILOCOME HYGIÉNIQUE**, Fl. carré, opale, à médaille.........	8	»

MOELLE DE BŒUF

POMMADE TONIQUE

Nos D'ORDRE	DÉSIGNATION DES ARTICLES	PRIX A LA DOUZAINE	
12	**AU RHUM**, Fl. rond, petit Mod. capsulé.......	5	»
13	— — id.. id.. grand id.... id.	10	»
14	**AU QUININE**, Fl. rond, petit Mod. capsulé......................	5	»
15	— id.. id.. grand id.... id.	10	»
16	**ASSORTIE D'ODEURS**, Fl. rond, petit Mod. capsulé..	5	»
17	— — id.. id.. gros id..... id.................	10	»
449	— — id. id... id.. id.. bouché verre.........	12	»
4	-- — id. carré, capsulé.........................	6	50
18	**SUPERFINE**, Fl. rond, gros Mod. cacheté......................	12	»
20	— Boîte en verre, étiq. bleue et or....................	12	»
19	— Pot faïence décalqué bleu.	12	»
476	— Boîte porcelaine décalquée noir et or..................	15	»
573	**ASSORTIE D'ODEURS**, Bocaux ronds, bouchés verre, petit Mod....	7	»
478	— -- .. id.... id..... id.... id.. moy.. id....	9	»
479	— — .. id.... id..... id.... id.. grand id....	12	»
529	— — Fl. rond, bouché bois à vis..............	12	»
638	**AU QUININE** (Odeur unique), Fl. bas, capsulé, petit Mod...........	6	»
763	— — .. id.... id.... id.. id.... id.. moyen id...........	9	»
639	— — .. id.... id.... id.. id.... id.. grand id...........	12	»
21	**AU QUINQUINA**, Fl. rond, bouché parchemin.......	9	»
22	— — id. bas, couv. argent, moyen Mod.................	9	»
23	— — id.. id.. id.... id... grand. id.................	12	»
24	— — id.. id.. id.... id... très-grand Mod.	15	»

N°ˢ D'ORDRE	DÉSIGNATION DES ARTICLES	PRIX A LA DOUZAINE	
	Suite de la MOELLE DE BŒUF		

VÉRITABLE GRAISSE D'OURS

POUR FAIRE CROITRE ET ÉPAISSIR LA CHEVELURE

N°ˢ D'ORDRE	DÉSIGNATION DES ARTICLES	PRIX	
28	**Boîte en verre,** étiquette bleue et or.	12	»
27	**Pot faïence** décalqué bleu.	12	»
477	**Boîte porcelaine** décalquée noir et or.	15	»

POMMADE DUPUYTREN

N°ˢ D'ORDRE	DÉSIGNATION DES ARTICLES	PRIX	
25	**BLONDE,** Pot porcelaine haut.	9	»
26	**BRUNE**. . . id. . . . id. . . . . . id.	9	»
58	**SUPÉRIEURE,** Pot porcelaine haut, cacheté.	12	»

CRÊME DUCHESSE

QUALITÉ SUPERFINE

CHOIX D'ODEURS DES POMMADES SUPERFINES

Jockey-Club.	Miel d'Angleterre.	Rose des Alpes.	Accacia.	Géranium.
Orange de Chine.	Vanille blanche.	Violette de Parme.	Magnolia.	Mille-Fleurs.
Fleurs d'Italie.	Bᵗ Impératrice.	Bᵗ Empereur.	Bᵗ des souverains.	Musc.
Mousseline.	Hortensia rose.	Rose mousseuse.	Héliotrope.	Pois de senteur.
Jasmin d'Espagne	Lilas.	Muguet.	Réséda.	Rose rose.

N°ˢ D'ORDRE	DÉSIGNATION DES ARTICLES	PRIX	
29	**Fl. cristal uni,** couvercle argent, petit Mod.	12	»
30	Id. . . . id. . . . . id. . . . id. . . . . id. . . . id. . id. enveloppé.	14	»
54	Id. . . . id. . . . . id. . . . . id. . . . . id. . . . id. . id. en Étui riche.	15	»
59	Id. . . . id. . . . . id. . . . . id. . . or. . . . . id. . id. décoré. . id.	24	»
473	Id. . . . id. . . . . id. . . . . id. . . . id. . . moyen Mod.	18	»
474	Id. . . . id. . . . . id. . . . . id. . . . id. . . . . . id. . . id. en Étui riche. . . .	21	»
644	Id. . . . id. . . . . id. . . . . id. . . id. . . . . . id. . . id. décoré. . id.	30	»

Nos D'ORDRE	DÉSIGNATION DES ARTICLES	PRIX A LA DOUZAINE	
	Suite de la CRÈME DUCHESSE.		
31	**Fl. cristal uni**, couvercle argent, grand Mod........................	24	»
55	Id.... id.... id..... id..... id..... id... id. en Étui riche...........	27	»
60	Id.... id.... id..... id.... or...... id... id. décoré riche...........	36	»
645	**Fl. cannelé**, couvercle argent, moyen Mod........................	15	»
32	Id..... id.... à pied, couvercle argent, petit Mod....................	12	»
33	Id..... id...... id...... id..... id... grand id......................	24	»
467	**Pot porcelaine** en Étui bois, petit Mod...........................	10	»
466	Id..... id........ id.. id.. moyen id..............................	15	»
465	Id..... id........ id.. id.. grand. id.............................	21	»
565	Id..... id........ id.. id.. forme anglaise........................	18	»
564	Id..... id........ id. buis à vis.................................	24	»
	QUALITÉ SURFINE		
574	**Fl. uni** à cordon, couv. métal, petit Mod....	6	»
475	Id... id..... id..... id... id. . moyen id..........................	10	»
34	**Fl. cannelé** bas... id... id...............................	9	»
35	Id..... id... haut.. id... id..............................	9	»
57	**Pot porcelaine**... id... id.................................	9	»

POMMADES EXTRAFINES

Nos D'ORDRE	DÉSIGNATION DES ARTICLES	PRIX A LA DOUZAINE	
469	**VIOLETTES DE PARME,** Pot porcel., étiq. chromo..............	18	»
646	— — id... id... décalqué, petit Mod........		
647	— — id... id...... id.... grand id.........		
48	**VIOLETTES DES BOIS,** Boîte porcel., étiq. bleue et argent, petit Mod.	15	»
49	— id... id... id... id..... id... grand id.	18	»

N^{os} D'ORDRE	DÉSIGNATION DES ARTICLES	PRIX A LA DOUZAINE	
	Suite des POMMADES EXTRAFINES.		
634	**YLANG-YLANG,** Pot porcel. décoré, étiq. chromo...............	21	»
648	— — id... id..... id.... id.... id.. grand Mod.......		
556	**HÉLIOTROPE**........... Pot porcel. décoré, décalq. couleur......	27	»
554	**SENTEUR DES HAIES,** id... id.... id..... id..... id..........	27	»
555	**CRÊME IMP. Bouq^t de la Cour,** Pot porcel. décoré or, décalq.....	27	»
41	**DAPHNÉ DU JAPON,** Pot porcel., couv. argent, étiq. bleue et argent.	15	»

POMMADES SUPERFINES DIVERSES

N^{os} D'ORDRE	DÉSIGNATION DES ARTICLES	PRIX A LA DOUZAINE	
560	**CIRCASSIENNE,** Godet crist., Boîte bois, étiq. déc. rouge et or. 1re grand.	12	»
561	— . id.. id... id.. id.. id.. id.. id... id. 2me.. id..	15	»
562	— . id.. id... id.. id.. id.. id.. id... id. 3me.. id..	18	»
563	— . id.. id... id.. id.. id.. id.. id... id. 4me.. id..	24	»
566	**LUSTRALINE POMPADOUR,** Pot porcel., Étui bois, étiq. couleur.	15	»
586	**POMMADE SUPERFINE,** Boîte cristal, bambou, 4 couleurs.......	22	»
627	— — . id... id... cœur... 4... id..........	21	»

Nᵒˢ D'ORDRE	DÉSIGNATION DES ARTICLES	PRIX A LA DOUZAINE	

POMMADES SURFINES DIVERSES

Nᵒˢ D'ORDRE	DÉSIGNATION DES ARTICLES	PRIX	
39	**CRÊME DES INDES,** Fl. verre, bouch. verre, petit Mod. à faveur..	7	»
40	— — id.. id..... id. ... id.. grand id..... id.	12	»
36	— — id.. id..... id. .. id.... id. id.. décoré....	15	»
38	— — Pot porcelaine.............................	15	»
482	**CRÊME NUTRITIVE,** Fl. opale cannelé. couv. métal.............	12	»
53	**CRÊME LUSTRALE,** Fl. verre, couv. métal, petit Mod...........	8	»
52	— — id... id... id.... id.. grand id............	10	»
583	**RÉGÉNÉRATEUR,** Fl. ovale, capsulé.........................	4	»
602	**BRILLANTINE AMÉRICAINE,** Fl. rond, soleil et étoiles........	12	»
604	**POMMADE NOUVEAU-MONDE,** Fl. plat, gros Mod.............	12	»
605	**RÉGÉNÉRATEUR UNIVERSEL,** Fl. pyramide à cadre.........	11	»
606	**CRÊME ATHÉNIENNE,** Fl. ovale plat à grecque.	11	»
649	**CRÊME FLORALE,** Fl. rond capsule à bouton, étiq. chromo........	7	»
1517	**MIGNONETTE,** Petit verre uni, couv. métal..................	3	»
577	**POMMADE DES GRANDES NATIONS,** Fl. diamant, étiq. coloriée.	12	»
531	**POMMADE SURFINE,** Boîte opale, couvercle à bouton............	9	»
7	— — Fl. boule, bouché sifflet..................	6	»
56	— — Marmite en verre........................	9	»
526	— — Fl. verre, bouché bois à vis.	10	»
46	— — Bocaux verre dits : potiches, avec faveur. ...	15	»
47	— — Boîte cristal octogone, à faveur............	18	»
610	— — id. bock, couv. métal à bouton...........	9	»
43	— — id. bas, couvercle métal, moyen.. Mod...	9	»
44	— — id.. id.... id...... id.. grand..... id...	12	»
45	— — id.. id.... id...... id.. très-grand id...	15	»
650	— — Pot porcel., filets or............ 1ʳᵉ grand.	14	»
651	— — id... id..... id. id............ 2ᵐᵉ.. id..	15	»
652	— — id... id..... id. id............ 3ᵐᵉ.. id..	18	»
520	— — Pot porcel., décors et peint. fant. 1ʳᵉ grand.	18	»
653	— — id... id..... id.... id... id.. 2ᵐᵉ.. id..	24	»
519	— — id... id..... id.... id... id.. 3ᵐᵉ.. id..	27	»
518	— — id... id..... id.... id... id.. 4ᵐᵉ.. id..	33	»
630	— — Bocal conserve à bouton, petit Mod........	7	»
629	— — id.... id........ id... moyen id........	11	»

Nos D'ORDRE	DÉSIGNATION DES ARTICLES	PRIX A LA DOUZAINE	
	Suite des POMMADES SURFINES DIVERSES		
637	**POMMADE SURFINE**, Bocal conserve à bouton, grand Mod....... ..	15	»
640	— — Fl. gourde, capsulé, petit Mod.	3	50
641	— — · id. conique à pied, capsulé.	4	75

POMMADES ORDINAIRES

SOUS LA MARQUE F. M.

Nos D'ORDRE	DÉSIGNATION DES ARTICLES	PRIX	
3509	**PHILOCOME**, Fl. rond, moyen Mod , étiq. couleur................	3	»
3510	— id.. id.. gros.... id... id.... id.	3	50
3500	**POMMADE LUSTRALE**, Fl. capsulé id.... id.	3	50
3508	**POMMADE DES FAMILLES**, Fl. bas, capsulé, étiq. couleur.....	6	»
3506	**CRÈME DUCHESSE**. Fl. rond uni à filets, capsule métal........ .	6	»
3507	— — id.. id.. cannelé...... id.... id.	6	»
3521	**POMMADE DES ÉCOLES**, Fl. bas, capsulé, étiq. couleur........	6	»

BRILLANTINE CRISTALLISÉE

POUR LA BEAUTÉ DE LA CHEVELURE ET DE LA BARBE.

Nos D'ORDRE	DÉSIGNATION DES ARTICLES	PRIX	
50	**AU PORTUGAL**, Fl. boule, petit Mod., bouché sifflet............ ...	6	»
51	— id... id.. grand id.... id. ... id.................	12	»
530	— id. bouché verre, moyen Mod...................	9	»

Nos D'ORDRE	DÉSIGNATION DES ARTICLES	PRIX A LA DOUZAINE	

HUILES DIVERSES

HUILES

QUALITÉ SURFINE

Nos			
471	**AU QUININE**, Fl. rond. petit Mod.......................... 45 gr.	6	»
470	— — id... id.. grand id........................... 90 id.	12	»

HUILES AUX FLEURS

QUALITÉ SUPERFINE

751	**HYGIÉNIQUE**, Fl. rond à médaille. .... 75 gr.	12	»
61	**ANTIQUE**, Fl. ovale, petit Mod................ .... 16 id.	3	»
63	— id... id.. grand id........ .... 35 id.	6	»
625	— id. plat à cadre, petit Mod.................... 16 id.	3	»
626	— id.. id..... id.. moyen id................... 25 id.	4	50
69	— id.. id..... id.. grand id................. 35 id.	6	»
62	— id écusson.................................. 25 id.	4	50
65	— id. guitare. .... 45 id.	7	»
67	— id. rond, moyen Mod......................... 60 gr.	9	»
488	— id.. id.. grand id......................... 75 id.	12	?
460	— id. plat... 60 id.	9	»
458	— id. long cintré .... 60 id.	9	»

Nᵒˢ D'ORDRE	DÉSIGNATION DES ARTICLES	PRIX A LA DOUZAINE	
	Suite des HUILES AUX FLEURS		
70	**DE NOISETTE,** Fl. ovale, petit Mod........................ 16 gr.	3	»
72	— id... id.. grand id......................... 35 id.	6	»
71	— id. écusson................................ 25 id.	4	50
76	**MACASSAR OIL,** Fl. petit Mod., envel. noire et rouge.............	6	»
77	— — id. moyen id.... id.... id..... id..............	9	»
78	— — id. grand id.... id.... id..... id..............	12	»

HUILES EXTRAFINES

Nᵒˢ D'ORDRE	DÉSIGNATION DES ARTICLES	PRIX A LA DOUZAINE	
461	**VIOLETTES DE PARME,** Fl. rond.. étiq. chromo........ 60 gr.	12	»
499	— — id. bouc. émery, étiq. chromo, grand Mod.	24	»
642	**YLANG-YLANG,** Fl. rond, bouché émery, étiquette chromo.. 60 gr.	21	»

BRILLANTINES LIQUIDES

POUR LA BARBE

Nᵒˢ D'ORDRE	DÉSIGNATION DES ARTICLES	PRIX A LA DOUZAINE	
79	**SURFINE. — Violettes et Portugal,** Fl. rond. petit Mod........	6	»
536	— — — id.. id... moy.. id.........	9	»
80	— — — id.. id... grand id.........	12	»

Nos D'ORDRE	DÉSIGNATION DES ARTICLES	PRIX A LA DOUZAINE	
	Suite des BRILLANTINES LIQUIDES		
654	**EXTRAFINE.**—Violettes de **Parme,** Fl. rond....................		
655	— — — id.. id. bouché émery......		
656	— **Bouquet de Mai,** Fl. rond.....................		
657	— — — id.. id.. bouché émery........		

COSMÉTIQUES FIXATEURS

POUR LES CHEVEUX ET LES MOUSTACHES

Nos D'ORDRE	DÉSIGNATION DES ARTICLES	PRIX A LA DOUZAINE	
81	**FIN** — pour l'usage des **Coiffeurs.** — Couleurs ass., gros Mod. rond.	9	»
82	**SURFIN,** Couleurs et odeurs assorties, plat, petit Mod.........	2	50
83	— .. id........ id..... id..... id. moyen id...	3	»
88	— .. id........ id..... id.... ovale.. id.. id................	4	50
85	— .. id........ id..... id...... id. grand id..............	7	»
533	— .. id........ id..... id.... rond, gros Mod. 1/2 bâton......	4	»
84	— .. id........ id..... id.... id... id.. id..............	6	»
534	— .. id........ id..... id..... id... id.. id.. en étui.......	9	»
86	— .. id........ id..... id.... rond, long Mod..	9	»
535	— .. id........ id.. .. id.... id... id. . id.. en étui......	12	»
87	— .. id........ id..... id..... id.. très-gros Mod............	12	»
89	**SUPERFIN,** Couleurs et odeurs assorties, plat, petit Mod............	3	50
90	— .. id........ id..... id.... id. moyen id............	4	50
95	— .. id........ id..... id.... ovale.. id.. id............	6	»
92	— .. id........ id..... id.... id. gros. id............	10	»
658	— .. id........ id..... id.... rond.. id.. id. 1/2 bâton..	6	»
91	— .. id........ id..... id..... id... id.. id............	9	»
659	— .. id........ id..... id..... id... id.. id. étui coquet.	12	»
93	— .. id........ id..... id..... id.. long. id............	12	»

Nᵒˢ D'ORDRE	DÉSIGNATION DES ARTICLES	PRIX À LA DOUZAINE	
	Suite des COSMÉTIQUES FIXATEURS		
660	**SUPERFIN**, Couleurs et odeurs assorties, rond, long Mod., étui coquet.	15	»
94	— .. id........ id..... id..... id.. très-gros Mod........	15	»

COSMÉTIQUES EXTRAFINS

Nᵒˢ D'ORDRE	DÉSIGNATION DES ARTICLES	PRIX À LA DOUZAINE	
661	**VIOLETTES DE PARME,** Plat, moyen Mod., étiq. chromo...........	4	50
662	— — rond. gros.. id.. 1/2 bâton, étiq. chromo.	6	»
663	— — . id... id. . id.. étiq. chromo.........	9	»
664	— — . id... id. . id.. id.... id... étui riche.	12	»

POMMADE HONGROISE

POUR FIXER LES MOUSTACHES

Nᵒˢ D'ORDRE	DÉSIGNATION DES ARTICLES	PRIX À LA DOUZAINE	
101	**En Boîte métal** pour la poche................	3	»
98	**En Flacon** petit Mod................	4	50
99	..... id.... grand id................	6	»
100	..... id..... id.. id. bouché émery................	9	»

CIRE A MOUSTACHES

Nᵒˢ D'ORDRE	DÉSIGNATION DES ARTICLES	PRIX À LA DOUZAINE	
96	**En bâton,** petit Modèle................	—	—
97	..... Id... grand id................	—	—

N^{os} D'ORDRE	DÉSIGNATION DES ARTICLES	PRIX A LA DOUZAINE	
	BANDOLINE		
	POUR LISSER ET FIXER LES CHEVEUX.		
103	**A LA ROSE, AMANDES, PORTUGAL,** petit Modèle...........	3	»
104	— — — moyen. id.............	4	50
105	— — — grand.. id.............	6	»

PRÉPARATIONS DIVERSES

POUR LES SOINS DE LA TÊTE

EAU MAGIQUE

Préparation perfectionnée et infaillible pour rendre **graduellement**, et en peu de jours, aux **Cheveux** et à la **Barbe** leur nuance primitive.

Complètement **inoffensive** et sans action nuisible sur la peau, elle n'occasionne ni démangeaisons ni irritation.

Elle n'a pas, comme certaines autres préparations du même genre, l'inconvénient de porter une odeur désagréable et d'occasionner parfois des désordres fatals dans les organes cérébraux.

Elle n'exige aucune préparation préalable, ni soins particuliers après son emploi.

Son usage simple et facile est une garantie de sa réussite.

619	**Flacon bleu,** en étui ovale, fond noir, lettres feu.....................	33	»
	(Prospectus en langues Française, Anglaise, Espagnole, Portugaise et Allemande.)		
624	Le même Modèle avec brosse spéciale........	39	»

DÉPOSÉ SELON LA LOI

N^{os} D'ORDRE	DÉSIGNATION DES ARTICLES	PRIX A LA DOUZAINE	

SERVACOME

CONSERVATEUR DE LA CHEVELURE

EAU ET POMMADE ÉPIDERMALES

CONTRE LES

PELLICULES ET DÉMANGEAISONS

occasionnées par le **Pityriasis** du cuir chevelu, maladie entraînant fatalement la **décoloration** et la **chute** des cheveux.

Ces préparations **essentiellement hygiéniques**, en allant droit à la cause du mal, le guérissent radicalement.

N°	Désignation	Prix	
557	**POMMADE SERVACOME**, Pot porcelaine	24	»
632	— — Boîte verre bleu	24	»
581	**EAU SERVACOME**, Flacon capsulé	24	»

(Prospectus en langues Française, Anglaise, Espagnole, Portugaise et Allemande.)

DÉPOSÉ SELON LA LOI

N°	Désignation	Contenance	Prix	
468	**EAU DE QUININE**, Fl. ovale	160 gr.	10	»
532	— — id.. id.	220 id.	18	»
622	— — id.. id.. bouché émery	220 id.	21	»
106	— — id. guitare.	160 id.	10	»
484	— — id. rond	125 id.	9	»
483	— — id.. id.. bouché émery	125 id.	12	»
108	— — id. carré	1/4 de litre.	24	»
109	**EAU ATHÉNIENNE**, Ass. d'od., fl. à boule	75 gr.	6	»
110	— — id... id.. id... id.	100 id.	9	»
111	— — id... id.. id... id.	125 id.	10	»
112	— — id... id.. id. à facettes, capsulé	150 id.	12	»
113	— — id.. id.. id. carré, bouc. émery.	1/4 de litre.	24	»
114	**EAU DE ROSES DE TUNIS**, Fl. guitare	160 gr.	12	»
115	— — id. id.	250 id.	18	»
116	— — id. carré, bouc. émery.	1/4 de litre.	24	»

Nᵒˢ D'ORDRE	DÉSIGNATION DES ARTICLES	PRIX A LA DOUZAINE	
	Suite des **PRÉPARATIONS POUR LES SOINS DE LA TÊTE**		
117	**EAU DE NYMPHŒA**, Fl. guitare...................... 160 gr.	12	»
118	— — id... id........................ 250 id.	18	»
119	— — id. carré, bouché émery....... 1/4 de litre.	24	»
120	**EXTRAIT VÉGÉTAL**, Ass. d'od., fl. guitare.............. 160 gr.	12	»
121	— — id... id.. id.. id................. 250 id.	18	»
122	— — id... id.. id. carré, bouc. émery. 1/4 de litre.	24	»

CRÊMES
ET PRÉPARATIONS

Pour adoucir la Peau, rafraîchir et conserver le Teint.

CRÊME A LA FRAISE

Cette Crême **rosée**, d'un parfum suave et agréable, est souveraine contre l'irritation de la peau, elle en fait disparaître les gerçures et les rides, et conserve au teint sa fraîcheur et sa jeunesse.

124	**Pot porcelaine**.................................	12	»
665	Id....... id..... décalqué et décoré......................	———	

COLD-CREAM

PRÉPARATION ANGLAISE

125	**Pot porcelaine** haut...............................	9	»
126	Id..... id..... bas...................................	9	»
129	Id..... id..... haut, armes d'Angleterre.	9	»
130	Id..... id..... bas... id....... id...	9	»
127	**SUPÉRIEUR**, Pot porcelaine décalqué noir...................	12	»
128	— id..... id....... id.... id. filets or	15	»
543	— id..... id....... id... fantaisie....................	12	»
749	— id..... id.... à cachet............................	12	»

Nos D'ORDRE	DÉSIGNATION DES ARTICLES	PRIX A LA DOUZAINE	

POMMADE ROSAT

POUR LES LÈVRES

Nos D'ORDRE	DÉSIGNATION DES ARTICLES		
131	**Boîte porcelaine** décalquée noir	6	»
666	Id..... id...... à fleurs	7	»
132	**Boîte buis**, moyen Mod	3	»
133	Id.... id... grand.. id	4	50
134	**Boîte acajou** ou **palissandre**, moyen Mod	4	50
135	Id.... id............ id...... grand.. id	6	»
667	**Pomme d'apis**, ivoire	6	»
668	**Cerise**, ivoire		

BENJOIN-VANILLE, DOUBLE AMBRÉ

LOTION SPIRITUEUSE

Préparation tonique et rafraîchissante pour conserver au teint sa fraîcheur et son velouté. Son emploi empêche les **rides** et fait disparaître les **taches de rousseur.**

Dans le bain, elle assouplit les muscles, rend à la peau sa blancheur et son éclat primitif, et imprègne le corps de son parfum suave et pénétrant.

Nos D'ORDRE	DÉSIGNATION DES ARTICLES	PRIX	
138	**Flacon carré**, bouché émery .... 140 gr.	18	»
140	Id..... id..... id.... id.... 1/4 de litre.	30	»
669	Id..... id..... id.... id ..... 1/2. id..	48	»
670	Id..... **rond**.. id.... id.... 1/2. id..	48	»
671	Id..... **ovale**. id.... id.... 1/2. id..	48	»
672	Id..... **rond**.. id.... id .... litre.	93	»
673	Id..... **ovale**. id.... id .... id..	93	»

POUDRES DE RIZ

POUR BLANCHIR ET RAFRAICHIR LA PEAU

Nos D'ORDRE	DÉSIGNATION DES ARTICLES	PRIX A LA DOUZAINE	
146	**A LA FRAISE**................................ carton de 60 gr.	4	»
147	— — .... id..... 125 id.	6	»
148	**ASSORTIE D'ODEURS**......................... id..... 60 id.	4	»
149	— — .... id. ... 125 id.	6	»
150	**Boîte carton**, avec houppe....................................	9	»
151	Id.... id.... verni, avec houppe.	12	»
674	Id.... id.... rouge de chine, avec houppe, moyen Mod.............	—	—
675	Id.... id...... id....... id... id.... id... grand.. id............	—	—
590	Id.... id.... fantaisie......... id.... id... moyen. id............	18	»
591	Id.... id...... id........... id.... id... grand.. id............	21	»
157	**Boîte bois**, décalquée.......... id.... id... moyen... id............	18	»
156	Id.... id...... id........... id.... id... grand... id............	21	»
155	**Boîte buis** à vis.............. id.... id....................	54	»
616	**Boîte métal**, mignonnette pour la poche, avec houppe.............	7	50
158	Id.... id... avec houppe. .... 1re grandeur.	13	»
160	Id.... id.... id.. id............................... 2me... id....	15	»
161	Id.... id.... id... id............................. 3me... id....	20	»
617	Id.... id.... id... id............................. 4me... id....	27	»
548	**Boîte porcelaine** anglaise dorée, avec houppe......................	27	»
676	Id...... id...... à bouton.. id.... id... id..................	42	»
154	Id...... id.......... id.... id.... id... id.. décorée	45	»
628	Id...... id...... richement décorée avec houppe.................	60	»
588	**Boîte cristal** riche, osier, 4 couleurs avec houppe..................	30	»
589	Id..... id..... id.. à glands... id.... id.... id......	30	»
587	Id..... id..... id.. bambou... id.... id.... id......	36	»
152	Id..... id... décoré, couvercle plaqué id.... id.................	45	»
677	**Pomme d'apis**, ivoire, petit Mod., avec houppe.................	12	»
678	Id...... id...... id... grand id... id.... id......	15	»

N^{os} D'ORDRE	DÉSIGNATION DES ARTICLES	PRIX A LA DOUZAINE	
	Suite des **POUDRES DE RIZ**		
	FLEUR DE RIZ		
	QUALITÉ SUPÉRIEURE		
	ADHÉRENTE ET INVISIBLE		
547	**VIOLETTES DE PARME, MARÉCHALE, ANANAS** (rosée), Étui élégant, étiq. chromo............................	12	»
636	**YLANG-YLANG**, Étui élégant, étiq. chromo....................	12	»
	FARDS DIVERS		
	ROUGES ET BLANCS		
679	**ROUGE FIN DE THÉATRE**, Pot faïence.......................	4	50
680	— — — id. plat dans une Boîte............	7	»
681	**ROUGE AUX FLEURS**....... id. id..... id..... id. filets or.....	10	»
682	**ROUGE VÉGÉTAL SURFIN**. id. demi-porcelaine...............	12	»
683	— — — id. porcelaine, filets or.............	24	»
684	— — — id. plat dans une Boîte fantaisie......	18	»

N^{os} D'ORDRE	DÉSIGNATION DES ARTICLES	PRIX A LA DOUZAINE	
	Suite des ROUGES ET BLANCS		
685	**ROUGE SURFIN DES INDES**, Pot plat dans une Boîte garnie chenille.	24	»
163	**ROUGE VÉGÉTAL FIN EN POUDRE**, Boîte carton, petit Mod...	3	»
164	— — — — . id... id... grand id....	6	»
165	— — **SURFIN** — . id... id... petit. id....	6	»
166	— — — — . id... id.. grand id....	9	»
167	**VINAIGRE DE ROUGE**, Fl. petit Mod....................	3	»
168	— — id. moyen id....................	4	50
169	— — id. grand. id...	6	»
686	**BLANC DE PERLE**, Pot faïence.....................	4	50
687	— — id. plat dans une Boîte.....................	7	»
688	**BLANC VÉGÉTAL SURFIN**... Pot plat dans une Boîte filets or...	10	»
689	— — — id. demi-porcelaine..............	12	»
690	— — — id. porcelaine filets or............	24	»
691	— — — id. plat dans une Boîte fantaisie.....	18	»
692	— — **SUPERFIN** id.. id.... id... id.garnie chenille.	24	»
693	**BLANC DE PERLE LIQUIDE**, petit Mod....................	9	»
694	— — — moyen id......................	18	»
695	— — — grand. id......................	21	»
696	**CRÊME IMPÉRATRICE, blanc gras**, Boîte porcelaine....	15	»

DIVERS

N^{os} D'ORDRE	DÉSIGNATION DES ARTICLES	PRIX A LA DOUZAINE	
697	**NOIR INDIEN, pour Cheveux, Moustaches et Favoris**, en Boîte avec brosse..........................	18	»
698	**FARD INDIEN, pour Cils et Sourcils**, en Boîte avec estompe...	20	»
699	**CRAYON INDIEN, pour les Yeux**, en Étui métal..............	3	»
700	— — .. id....... id........ id.. id.. décoré........	6	»
701	**BLEU, pour les Veines**, en Boîte avec estompe.	21	»
702	**CRAYON BLEU, pour les Veines**, Étui métal............	9	»

N^{os} D'ORDRE	DÉSIGNATION DES ARTICLES	PRIX A LA DOUZAINE	

Suite des FARDS DIVERS

703	**ÉTUI MYSTÉRIEUX**, contenant : rouge, blanc, crayon et 2 houppes.	27	»
704	**TOILETTE DES ONGLES**, Boîte carton, contenant : poudre, polissoir et brosse-lime-cure-ongles........................	36	»

POUDRES A POUDRER

705	**BLANCHE ORDINAIRE**, en Sacs de 125, 250 et 500 gr.... le kilo.	1	50
172	— **FINE**.... .... id..... id. . id... id. id........ id..	2	»
472	**DE BLONDE**, **Impératrice**, **Céleste**, **Cendrée**, en Boîte ronde..	9	»
706	**OR**, en Étui riche...	15	»
491	**DIAMANTÉE**, en Boîte carton.................................		
707	— en Étui riche....................................	15	»
708	**ARGENT**, en Étui riche..	15	»

PATE DE TOILETTE

POUR ADOUCIR LA PEAU

174	**PATE AU MIEL**, en Bocal de verre.............................	12	»
175	— — en Pot faïence verte.............................	12	»

PATE DE TOILETTE

EN POUDRE

176	**FLEUR D'AMANDES BLANCHES**, en Carton de 60 gr..........	3	50
177	— — — ..... id...... 125 id..	6	»
447	— — **VIOLETTES DE PARME**, Cart. de 60 gr.	4	50
448	— — — — ..id... 125 id.	8	»
178	**PATE D'AMANDES BISES DOUCES**, Sacs de 125, 250 et 500 gr. le kil.	1	60
179	— — — **AMÈRES** .. id.. id.. id.. id.....id.	1	80
180	— — **BLANCHES DOUCES** id.. id.. id.....id.	2	60
181	— — — **AMÈRES** id.. id.. id.....id.	3	50

Nos D'ORDRE	DÉSIGNATION DES ARTICLES	PRIX A LA DOUZAINE	

DENTIFRICES

POUR LA BEAUTÉ ET LA CONSERVATION DES DENTS

EAUX DENTIFRICES

Nos D'ORDRE	DÉSIGNATION DES ARTICLES	PRIX	A LA DOUZAINE
193	**EAU DENTIFRICE BRUNIER**, Fl. rond, moyen Mod..............	9	»
608	— — — id.. id.... id.. id. bouché émery.	12	»
195	— — — id.. id. grand.. id... id.... id...	18	»
709	— — — id.. id. très-gr. id... id.... id...	»	»
631	— — — id. carré plat.....................	15	»
196	**EAU dite de BOTOT**... petit Mod.............................	6	»
197	— — — grand id.........................	12	»
199	**ESPRIT DE MENTHE**, petit Mod.............................	6	»
201	— — — grand id.........................	12	»

POUDRES DENTIFRICES

Nos D'ORDRE	DÉSIGNATION DES ARTICLES	PRIX	A LA DOUZAINE
182	**POUDRE DENTIFRICE BRUNIER**, Boîte carton, navette........	3	»
183	— — — . id... id... octogone.......	4	50
184	— — — . id... id... riche..........	6	»
710	— — — . id. porcelaine décalquée...		
487	— — — . id. verre, couvercle buis...	12	»
571	— — — . id. bois, étiquette chromo..	9	»
185	— — — . id. plaqué argent..........	15	»
542	— — — . id. porcel., décors chinois.	21	»
633	— — — . id. métal à faveur........	6	»

N^{os} D'ORDRE	DÉSIGNATION DES ARTICLES	PRIX A LA DOUZAINE	
	Suite des POUDRES DENTIFRICES		
711	**POUDRE DE CORAIL**, Boîte carton, navette.....................	3	»
712	— — . id... id... octogone.	4	50
713	— — . id... id... riche....................	6	»
188	**POUDRE CARBONIQUE**, au **Quinquina**, boîte mét., ét. noir et blanc.	6	»
575	— — ...... id........ id.. bois id. id.... id...	9	»

OPIAT DENTIFRICE

189	**Pot jaune** petit Modèle...	3	»
190	Id... id... moyen id..	4	50
191	Id... id... grand id..	6	»

SAVONS DE TOILETTE

PERFECTIONNÉS

SAVONS NUS

203	**GUIMAUVE**, Couleurs assorties, forme coussin, petit Mod..........	1	80
204	— .. id..... .. id...... id.... id.... moyen id.............	2	50
205	— .. id...... id...... id.... id.... gros.. id.............	3	»

Nᵒˢ D'ORDRE	DÉSIGNATION DES ARTICLES	PRIX À LA DOUZAINE	
	Suite des SAVONS NUS		
206	**GUIMAUVE,** Couleurs assorties, forme carrée, sans angle, gros Mod....	3	»
207	— .. id...... id..... id.. ovale, bande d'argent, moy. Mod.	3	50
523	— .. id...... id..... id.. coussin. id.... id... gros. id..	3	50
522	— .. id...... id.... id.... id.... id.... id. tr.-gros id..	4	»
208	**DULCIFIÉ,** Couleurs assorties... id. carrée sans angle, très-gros id..	4	50
209	**AU MIEL,** Couleur jaune, forme sans angle, rond d'argent.......	3	»
211	**AU BENJOIN,** Couleur brune, forme coussin......................	3	»
714	— .... id... id.... id..... id.. bande d'argent..........	3	50
715	**DES FAMILLES,** Couleurs assorties, petit Mod.	1	80
220	— — ... id...... id.... moyen id.....................	2	25
221	— — ... id...... id.... grand id.....................	3	»
766	**DE PALME,** Couleur jaune, forme carrée, sans angle.	3	»
767	**WINDSOR-SOAP,** Couleur brune, forme carrée....................	1	50

SAVONS TRANSPARENTS

A LA GLYCÉRINE

Nᵒˢ D'ORDRE	DÉSIGNATION DES ARTICLES	PRIX À LA DOUZAINE	
716	**Petit Mod.** en Boîte de 3 Pains....................................	3	»
717	**Moyen** id....... id... id. id............................	4	50
718	**Gros** .. id....... id... id. id...........................,	6	»
719	**Très-gros Mod.** id... id. id...........................	9	»
720	**SAVONNETTES RONDES**		

Nᵒˢ D'ORDRE	DÉSIGNATION DES ARTICLES	PRIX A LA DOUZAINE	

SAVONS FINS

SANS ENVELOPPE

EN CARTONS DE TROIS SAVONS

Nᵒˢ D'ORDRE	DÉSIGNATION DES ARTICLES		
212	**GUIMAUVE MOUSSEUX**, Coul. brune, forme coussin............	4	»
214	**AMANDES BISES AMÈRES** id.... id.... id... ovale plate.	4	»
446	**LAIT D'AMANDES**.......... id.. blanche, forme ovale bombée. ...	4	50
215	— — id.... id...... id.. carrée sans angle.	4	50
216	**FLEURS DE MAUVE**...... ... id.. violette... id... id.. à moulures .	4	50
217	**SUC DE LICHEN**............ id.. grise..... id... id... sans angle..	4	50
218	**PRINTANIER** .... id.. verte..... id.. coussin..........	4	50
219	**MIEL D'ORIENT**............ id.. havane... id.. carrée, abeille arg.	4	50
765	**SUC DE GUIMAUVE**........ id.. claire.... id... id... sans angle.	4	50

SAVONS FINS

ENVELOPPÉS

Nᵒˢ D'ORDRE	DÉSIGNATION DES ARTICLES		
222	**PONCIFIÉ Nᵒ 1**, Enveloppe papier rose........................	6	»
223	— **Nᵒ 2**.... id....... id.. jaune.....................	4	50
225	**D'AVELINE Nᵒ 1**, Boîte carton estampé.......................	6	»
224	— **Nᵒ 2**.. id... id...... id.	4	50
576	**EXPOSITION 1867**, Enveloppe blanche avec vues assorties.	8	»

N^{os} D'ORDRE	DÉSIGNATION DES ARTICLES	PRIX A LA DOUZAINE	

SAVONS SURFINS

EN CARTONS DE TROIS SAVONS.

N^{os} D'ORDRE	DÉSIGNATION DES ARTICLES	PRIX A LA DOUZAINE	
235	**A LA MENTHE DE CHINE**, moyen Mod., étiq. chinoise..........	6	»
236	— — — gros... id... id.... id...............	9	»
226	**AUX AMANDES AMÈRES**, moyen Mod., envelop. argent.........	6	»
227	— — — gros... id.... id..... id.............	9	»
228	— — — **SUPÉRIEUR**, tr.-gros Mod., env. d'arg.	12	»
552	**MYOSOTIS**, *vergiss mein nicht*, gros Mod., étiquette couleur	9	»
770	**PRÉ FLEURI** .... id. ..... id. .... id.............	9	»
771	**SENTEUR DES HAIES**......... id. ..... id. .... id............	9	»
232	**ASSORTI D'ODEURS**, moyen Mod., papier couleur à bande........	6	»

Vanille.	Musc.	Œillet.	Mille-Fleurs.
Benjoin.	Patchouly.	Mousseline.	Vétyver.
Rose.	Verveine.	Violette.	Bouq^t des champs.

233	**ASSORTI D'ODEURS**, gros Modèle, enveloppe gravée fantaisie.....	9	»

SAVONS SUPERFINS

EN CARTONS A DENTELLE DE TROIS SAVONS

N^{os} D'ORDRE	DÉSIGNATION DES ARTICLES	PRIX A LA DOUZAINE	
618	**VIOLETTE DE PARME**, gros Mod., étiq. riche, bouquet en relief..	12	»
234	**ASSORTI D'ODEURS**, gros Mod., étiq. blanche gravée............	12	»

Rose Bengale.	Ambre.	Musc.	Patchouly.
Bouq^t Impératrice.	Vétyver.	Benjoin.	Mille-Fleurs.
Mousseline.	Orange de Chine.	Verveine.	Jockey-Club.
Miel d'Angleterre.	Œillet.	Violette.	Maréchale.

N^{os} D'ORDRE	DÉSIGNATION DES ARTICLES	PRIX A LA DOUZAINE	

SAVONS EXTRAFINS

EN CARTONS FINS, A DENTELLE, DE TROIS SAVONS.

549	**ROSE MOUSSEUSE,** jolie étiquette avec bouq^t de roses en chromo.	15	»
553	**COUR DE FRANCE,** riche étiquette verte et or avec portraits.......	15	»

SAVONS AU SUC DE LAITUE

578	**FIN NU**................. forme carrée sans angles, Carton de 3.......	3	50
229	**SURFIN ENVELOPPÉ,** moyen Mod., enveloppe papier vert à bande.	6	»
230	— — gros... id..... id..... blanche, Carton de 3.	9	»
231	**SUPERFIN**.............. id..... id..... id..... gravée... id.,.. id.	12	»

POUDRES DE SAVON

POUR LA BARBE

238	**WINDSOR,** Boîte ovale, petit Modèle.............	3	»
239	— . id... id.. grand id..................................	4	50
240	**ASSORTI D'ODEURS,** Boîte ovale, Modèle riche................	6	»

Violette.	Amandes amères.	Géranium.	Mille-Fleurs.
Rose.	Bouquet.	Réséda.	Mousseline.

569	**AU SUC DE LAITUE,** Boîte en bois, filets noirs, étiquette chromo..	9	»

Nᵒˢ D'ORDRE	DÉSIGNATION DES ARTICLES	PRIX À LA DOUZAINE	

CRÊMES DE SAVON

POUR LA BARBE, LES MAINS ET LE BAIN

Nᵒˢ D'ORDRE	DÉSIGNATION DES ARTICLES		
241	**AUX AMANDES AMÈRES**, Boîte faïence, petit Mod..............	9	»
242	— — . . . id.... id.. moyen id.............	10	»
243	-- — — . id. porcel. grand id. décalqué brun.	12	»
244	**ONCTUEUX A LA ROSE**, Boîte faïence, moyen Mod..............	10	»
245	— — — . id. porcel., grand.. id..............	12	»
246	**AU SUC DE LAITUE**, Boîte porcel., grand Mod., étiquette noire....	15	»
570	— — Cuvette porcel. dans un Étui bois, à filets noirs.	18	»
788	— — Boîte faïence anglaise......................	12	»
454	**FANTAISIE**, Boîte porcel., sujets anglais assortis, petit Mod........	9	»
453	— . id... id...... id.... id..... id... moyen id..........	10	»
452	— . id... id...... id.... id..... id... grand id..........	12	»
721	-- . id... id...... id.... id..... id... forme fantaisie....	15	»
794	**AMBROSIAL CREAM**, Boîte porcelaine décalquée.................	12	»

EAUX DE TOILETTE

RHUM DE TOILETTE

NON ACIDULÉ, AROMATIQUE ET ANTI-MÉPHITIQUE

Ce précieux Cosmétique, dont je suis l'inventeur, se recommande de lui-même par ses qualités lénitives et bienfaisantes. Ne contenant aucun principe corrosif, il est justement préféré aux vinaigres de toilette par les personnes qui ont la peau délicate, et son parfum suave et distingué le rend indispensable au monde élégant.

Nᵒˢ D'ORDRE	DÉSIGNATION DES ARTICLES	PRIX À LA DOUZAINE	
	Suite du RHUM DE TOILETTE		
247	**Flacon** petit Modèle.. 90 gr.	9	»
248	Id. grand id... 150 id.	12	»
550	Id. très-grand Mod., bouché émeri .... 1/4 litre.	27	»
251	Id. rond, bouché émeri.............................. 1/2 id..	45	»
252	Id. ovale.. id..... id.............................. 1/2 id..	45	»
253	Id. rond... id..... id......................... litre.	78	»
254	Id. ovale... id..... id............................ id..	78	»

EAU DE TOILETTE BRUNIER

Nᵒˢ D'ORDRE	DÉSIGNATION DES ARTICLES	PRIX	
——	**Flacon** petit Modèle..		
——	Id. grand id...		

EAUX DE TOILETTE DIVERSES

Nᵒˢ D'ORDRE	DÉSIGNATION DES ARTICLES	PRIX À LA DOUZAINE	
457	**DE VIOLETTES DE PARME** (triple extrait), Fl. gr. Mod. 150 gr.	18	»
722	— — — Fl. gr. Mod., bouc. émeri... 150 id.	21	»
451	— — — id. rond..... id.... id.... 1/4 litre.	36	»
294	— — — id. cintré, Mod. riche...... 1/2 id..	54	»
296	— — — id. rond, bouc. émeri .... 1/2 id..	60	»
297	— — — id. ovale.. id. .. id...... 1/2 id..	60	»
298	— — — id. rond... id. .. id......... litre.	111	»
299	— — — id. ovale.. id. .. id......... id..	111	»
463	**DE TOILETTE IMPÉRIALE**, Fl. crist. rond, bouc. gl. émeri. 1/4 litre.	36	»
450	**DE VERVEINE** (triple extrait), Fl. ovale................. 150 gr.	12	»
723	— — — id.. id. bouché émeri... 150 id.	15	»
598	— — — id. pyramid. id.. id...... 1/4 litre.	27	»

N^{os} D'ORDRE	DÉSIGNATION DES ARTICLES	PRIX À LA DOUZAINE	
	Suite des EAUX DE TOILETTE DIVERSES		
274	**DE VERVEINE (triple extrait),** Fl. cintré, Mod. riche.... 1/2 litre.	36	»
276	— — — id. rond, bouché émeri. 1/2 id..	45	»
277	— — — id. ovale.. id... id.... 1/2 id..	45	»
278	— — — id. rond... id... id....... litre.	78	»
279	— — — id. ovale.. id... id........ id..	78	»
270	**DE VERVEINE double,** Fl. gourde petit Mod............. 125 gr.	9	»
271	— — id... id.. grand id............. 180 id.	12	»
275	— — id. carré, bouché émeri .... 1/4 litre.	24	»
282	**DE PORTUGAL (triple extrait),** Fl. gr. Mod............. 150 gr.	12	»
283	— — — id. id. id. bouc. émeri. 150 id.	15	»
611	— — — id. pyram... id.... id.. 1/4 litre.	27	»
284	— — — id. cint., Modèle riche.. 1/2 id..	36	»
286	— — — id. rond, bouc. émeri ... 1/2 id..	45	»
287	— — — id. ovale.. id.... id.... 1/2 id..	45	»
288	— — — id. rond.. id.... id....... litre.	78	»
289	— — — id. ovale.. id.... id....... id..	78	»
280	**DE PORTUGAL double,** Fl. gourde..................... 125 gr.	9	»
281	— — id... id...................... 180 gr.	12	»
285	— — id. carré, bouché émeri.. .... 1/4 litre.	24	»
290	**DE VIOLETTE double,** Fl. gourde..................... 125 gr.	9	»
291	— — id... id..................... 180 gr.	12	»
724	— — id. carré, bouché émeri........... 1/4 litre.	24	»
725	**DE BENJOIN double,** Fl. moyen Mod.................... 125 gr.	9	»
139	— — id. grand.. id.......... .... 180 gr.	12	»

Nᵒˢ D'ORDRE	DÉSIGNATION DES ARTICLES	PRIX A LA DOUZAINE

EAUX DE LAVANDE

EAU DE LAVANDE BLANCHE

255	**DOUBLE**, Fl. petit Modèle	80 gr.	6 »
256	— id. grand. id. double face	125 id.	9 »
764	— id. plat, grand Mod	150 id.	12 »
257	— **1/4 de bouteille**, verre vert		10 »
258	— **1/2** id. id. id.		15 »

EAU-DE-VIE DE LAVANDE AMBRÉE

PARFUM EXTRAIT DES LAVANDES ÉCOSSAISES

601	**Flacon** long, plat, petit Mod., étiquette chromo	70 gr.	6 »
259	Id... écusson id.. id.. id.	70 id.	6 »
623	Id... double cadre, capsulé, étiquette chromo	80 id.	7 »
260	Id... long cintré	120 id.	9 »
582	Id... double face, étiquette chromo	150 id.	12 »
525	Id... bombé	150 id.	12 »
609	Id... bracelet, bouché émeri	120 id.	12 »
261	Id... plat, grand Mod	180 id.	15 »
262	**1/4 de bouteille**, verre noir		12 »
263	**1/2** id. id. id.		24 »
265	**Flacon** carré, bouché émeri	1/4 litre.	24 »
264	Id... cintré, Modèle riche	1/2 id.	36 »
266	Id... rond, bouché émeri	1/2 id.	42 »
267	Id... ovale... id.... id.	1/2 id.	42 »

N°ˢ D'ORDRE	DÉSIGNATION DES ARTICLES	PRIX A LA DOUZAINE	

Suite de l'EAU-DE-VIE DE LAVANDE AMBRÉE

N°ˢ D'ORDRE	DÉSIGNATION DES ARTICLES		PRIX	
268	**Flacon** rond, bouché émeri .... litre.		75	»
269	Id.... ovale ... id.... id............................ id..		75	»
769	Id.... manchon, bouché émeri, étiquette vitrifiée.... .... 150 gr.		18	»
783	Id.... carafe, bouchon taillé émeri .... 1/4 litre.		24	»

EAU DE LAVANDE ORDINAIRE

SOUS LA MARQUE F. M.

N°ˢ D'ORDRE	DÉSIGNATION DES ARTICLES		PRIX	
4300	**Flacon** petite carafe .... 45 gr.		3	50
4521	Id.... 4 cadres .... 45 id.		3	50
4522	Id.... plat à cadres.. 60 id.		4	»
4301	Id.... grande carafe.. 80 id.		4	50
4302	Id.... cylindrique. ... . 80 id.		4	50
4523	Id.... lyre.. 80 id.		4	50
4526	Id.... petite gourde.. 80 id.		4	50
4304	Id.... plat uni.. 100 id.		5	»
4524	Id.... plat à cadres... 110 id.		5	50
4525	Id.... très-grand à cadres.. .... 130 id.		6	»

Nᵒˢ D'ORDRE	DÉSIGNATION DES ARTICLES	PRIX À LA DOUZAINE	

VINAIGRES

DE TOILETTE

545	**VIOLETTES DE PARME**, Fl. carré, gr. Mod.............. 150 gr.	12	»
546	— — — id... id.. id.. id. bouché émeri . 150 id.	15	»
726	— — — id. rond............. id... id.. 1/2 litre.	45	»
727	— — id. ovale. .... id... id.. 1/2 id..	45	»
728	— — — id. rond............. id... id...... litre.	78	»
729	— — — id. ovale............ id... id....... id..	78	»
486	**PARISIEN**, Fl. cintré, petit Mod....................... 70 gr.	6	»
485	— id... id.. grand id...................... 140 id.	10	»
730	— id... id.. très-grand Mod.................. 1/2 litre.	33	»
551	— id... id... id... id... id. bouché émeri ...... 1/2 id..	42	»
731	— id. rond.................. id.... id......... 1/2 id..	42	»
732	— id. ovale.................. id.... id......... 1/2 id..	42	»
733	— id. rond.................. id.... id............ litre.	75	»
734	— id. ovale.................. id.... id............ id..	75	»
572	**Dit de BULLY**, Fl. carré long.... .... 150 gr.	10	»

EAUX DE COLOGNE

EAU DE COLOGNE, Nᵒ 18

305	**Flacon** écusson................................... 70 gr.	6	»
735	Id.... cylindrique, petit Mod...................... 70 id.	6	»
303	Id........ id...... grand id...................... 125 id.	9	»
306	Id.... gourde..... moyen id...................... 130 id.	12	»
307	Id..... id......... grand id..... .... 210 id.	15	»

Nos D'ORDRE	DÉSIGNATION DES ARTICLES	PRIX A LA DOUZAINE	

Suite de l'EAU DE COLOGNE Nº 18

Nos	Désignation	Prix	
737	**Flacon** hexagone... petit Mod.... .... 70 gr.	6	»
738	Id...... id..... grand id.................... 125 id.	9	»
739	Id... allemand... petit. id.................... 60 id.	5	50
740	Id...... id..... moyen id.................... 140 id.	10	»
741	Id...... id..... grand id.................... 225 id.	16	»
784	Id... carafe, bouchon taillé émeri .... 1/4 litre.	24	»
318	Id... carré, bouché champignon, émeri.............. 1/4 id..	24	»
762	Id... long, plat, petit Modèle.................... 30 gr.	6	»

EAU DE COLOGNE Nº 24

Nos	Désignation	Prix	
501	**Flacon** carré, 4 cadres.................... 110 gr.	11	»
742	Id... pans coupés.................... 130 id.	12	»
445	Id... à facette et à pied capsulé .... 130 id.	12	»
502	Id... bracelet, bouché émeri.................... 120 id.	12	»
310	Id... cintré, Mod. riche. .... 1/2 litre.	36	»
743	Id... rond, bouché émeri .... 1/4 id..	27	»
312	Id.... id.... id..... id.................... 1/2 id..	45	»
313	Id... ovale.. id..... id.................... 1/2 id..	45	»
314	Id... rond.. id..... id.................... litre.	78	»
315	Id... ovale.. id..... id.................... id..	78	»
768	Id... manchon, bouché émeri, étiquette décalquée or........ 150 gr.	18	»

EAUX DE COLOGNE DIVERSES

Nos	Désignation	Prix	
455	**COLOGNE IMPÉRIALE**, Fl. cristal, bouch. glace, émeri. 1/4 litre.	36	»
538	**COLOGNE DES PRINCES**, Fl. moyen Mod., étiq. chromo.. 150 gr.	12	»
316	— — — id. grand.. id.. id.... id...... 180 id.	15	»

N⁰ˢ D'ORDRE	DÉSIGNATION DES ARTICLES	PRIX À LA DOUZAINE	
	Suite des EAUX DE COLOGNE DIVERSES		
744	**COLOGNE DES GRANDES NATIONS**, Fl. diamant, émeri. 180 gr.	18	»
541	— — — — id... id. .... id.. 1/4 litre.	30	»
745	**COLOGNE ÉGYPTIENNE**, Fl. pyramide, bouché émeri.... 180 gr.	18	»
746	— — id.... id....... id.... id.... 1/4 litre.	27	»
747	— — id.... id...... id.... id.... 1/2 id..	45	»
748	— — id.... id...... id.... id........ litre.	78	»

EAU DE COLOGNE ORDINAIRE

SOUS LA MARQUE F. M.

N⁰ˢ D'ORDRE	DÉSIGNATION DES ARTICLES	PRIX À LA DOUZAINE	
4300	**Flacon** petite carafe.................................... 45 gr.	3	50
4521	Id... 4 cadres. .... 45 id.	3	50
4522	Id... plat à cadres............................... 60 id.	4	»
4301	Id... grande carafe................................ 80 id.	4	50
4302	Id... cylindrique................................... 80 id	4	50
4523	Id... lyre.. 80 id.	4	50
4526	Id... petite gourde............................... 80 id.	4	50
4304	Id... plat uni.................................... 100 id.	5	»
4524	Id... plat à cadres............................... 110 id.	5	50
4525	Id... très-grand à cadres......................... 130 id.	6	»

N^{os} D'ORDRE	DÉSIGNATION DES ARTICLES	PRIX A LA DOUZAINE	

EAUX DE TOILETTE ET DE COLOGNE

FLACONS DE LUXE

N^{os} D'ORDRE	DÉSIGNATION DES ARTICLES	PRIX A LA DOUZAINE	
507	**Fl. demi-cristal,** carafon cloche, décoré..................... 180 gr.	57	»
508	Id... id... id....... id... à pied... id. .... 180 id.	57	»
509	Id... id... id... rond, bouché glace, décoré................. 1/4 litre.	60	»
498	**Fl. cristal taillé,** épaulement carré, bouch. champ. 1re grand. 125 gr.	39	»
505	Id... id..... id....... id....... id.... id.... id.... 2me. id... 180 id.	48	»
489	Id... id..... id....... id....... id.... id.... id............. 1/4 litre.	60	»
596	Id... id..... id....... id....... id.... id.... id............. 1/2 id..	112	»
506	**Fl. cristal taillé,** épaulem. rond, bouch. boule taillé, 1re grand. 125 gr.	39	»
504	Id... id..... id...... id..... id.... id... id. .. id..... id.... 180 id.	48	»
490	Id... id...... id...... id..... id.... id... id. .. id..... id.. 1/4 litre.	60	»
750	Id... id..... id...... id..... id... id... id. .. id..... id.. 1/2 id..	112	»
597	**Fl. cristal** opale, dessin osier, bouch. rond, 4 couleurs....... 100 gr.	33	»
595	Id... id... ambre, dessin tresse. id.... id. .... 180 id.	42	»
600	Id... id.. rond uni, étoile au fond, bouchon taillé........... 1/4 litre.	72	»
594	Id... id.. taillé, rond à pointes, étoile au fond, bouc. taillé, à facette. 180 gr.	112	»
620	Id... id... id.... id. pierrerie, 4 couleurs, bouchon taillé... 1/4 litre.	216	»
643	Id... id.. carafon, assortis de 3 formes, 3 dessins gravés....... 150 gr.	48	»

N^{os} D'ORDRE	DÉSIGNATION DES ARTICLES	PRIX A LA DOUZAINE

EXTRAITS D'ODEURS
POUR LE MOUCHOIR

ODEURS PRINCIPALES

Bt de l'Impératrice.	Jockey-Club.	Cuir de Russie.	Vétiver.	Ylang-Ylang.
— de l'Empereur.	New-Mown-Hay.	Bouq^t des Champs	Verbana.	Jasmin d'Espagne.
— d'Alice.	Spring Flowers.	Chypre.	Citron.	Rose Musquée.
— des Souverains.	Miel d'Angleterre.	Maréchale.	Portugal.	Œillet.
— Caroline.	Mille Fleurs.	Ambroisie.	Verveine.	Rose Mousseuse.
— Eugénie.	Frangipane.	Musc.	Cassie.	Rose des Alpes.
— Mignon.	Lavande Musquée.	Ambre.	Tubéreuse.	Violette des Bois.
— Chantilly.	Fleur de Mai.	Vanille.	Bergamotte.	Jonquille.
— Prince Impérial.	Fleur d'Italie.	Patchouly.	Violette de Parme.	Orange de Chine.
— de la Cour.	Santal-Citrin.	Réséda.	Pois de Senteur.	Mandarine.
— national.	Héliotrope.	Géranium.	Aubépine.	Lilas.
Orange Blossum.	Caprice à la mode.	Brise de Mai.	Kiss-me-Kuick.	Magnolia.

ESSENCES CONCENTRÉES

N^{os} d'ordre	Désignation des articles		Prix à la douzaine
1103	**ASSORTI D'ODEURS,** Fl. rond, bouché émeri..............	45 gr.	18 »
1104	— — Id.. id.... id.... id..............	90 id.	30 »
621	**YLANG-YLANG,** Fl. rond, bouché émeri, étiq. chromo.....	45 gr.	18 »
635	— — Id.. id.... id..... id.... id.... id.......	90 id.	30 »
1088	**VIOLETTES DE PARME,** Fl. cloche, bouché émeri	15 id.	12 »
1105	— — Id... id..... id.... id.......	30 id.	15 »
1106	**BOUQUET DE LA COUR,** Fl. bouché émeri, étui riche...........		—— ——
342	**ESS. BOUQUET ANGLAIS,** Fl. rond, bouché liége.......	30 gr.	15 »
343	— — — Id.. id.... id.... id.......	50 id.	24 »
1107	— — — Id.. id.... id... émeri......	30 id.	18 »
1108	— — — Id . id.... id..... id........	50 id.	27 »
347	**BOUQUET DE VIOLETTES,** Fl. ovale, bouc. émeri, en étui.	40 id.	21 »
1057	— — Id.. id... id.... id..... id..	60 id.	27 »

Nᵒˢ D'ORDRE	DÉSIGNATION DES ARTICLES	PRIX À LA DOUZAINE	

EXTRAITS TRIPLES

ÉTIQUETTE ROSE ET OR

Nᵒˢ D'ORDRE	DÉSIGNATION DES ARTICLES		PRIX	
1019	**ASSORTI D'ODEURS**, Fl. ovale, bouché émeri............	40 gr.	13	50
1018	— — Id.. id..... id.... id.............	60 id.	21	»
1109	— — Id. rond.... id.... id.............	45 id.	15	»
1119	— — Id.. id..... id.... id.............	90 id.	24	»

EXTRAITS DOUBLES

ASSORTIS D'ODEURS

Nᵒˢ D'ORDRE	DÉSIGNATION DES ARTICLES		PRIX	
1024	**Fl. plat**, bouché liége..	15 gr.	3	»
1090	Id. **tresse**. id.... id...	15 id.	3	»
323	Id. **vase**... id.... id....	20 id.	4	50
324	Id.... id.... id.... id...	30 id.	6	»
1009	Id.... id.... id;... id...	45 id.	9	»
1074	**Cruchon grès**, rond...	25 id.	6	»
1080	Id...... id.. carré	25 id.	6	»
1097	Id...... id... id.. grand...	35 id.	9	»
1010	**Fl. carafe** de Venise, bouché émeri	20 id.	6	»
1012	Id. **carafon** à pied..... id.... id...	20 id.	6	»
325	Id. **rond**............. id.... id...	25 id.	7	»
1070	Id. **égyptien**.......... id.... id...	25 id.	7	»
326	Id. **gourde**, bouc. croissant.... id...	25 id.	8	»
1021	Id. **poire**, bouchon à queue... id...	30 id.	9	»
1078	Id. **baril**..... id.. flamme.... id...	30 id.	9	»
1076	Id. **boule**, bouché émeri...	30 id.	9	»
1001	Id. **conique**, bouchon boule pointu, émeri......	30 id.	9	»
334	Id...... id.... **allongé**, bouc. boule.. id.	35 id.	10	»
328	Id...... id.... **à côtes**............. id...	35 id.	10	»

N^{os} D'ORDRE	DÉSIGNATION DES ARTICLES		PRIX A LA DOUZAINE
	Suite des EXTRAITS DOUBLES		
1015	**Fl. demi-gourde**, bouchon à clef, émeri	35 gr.	10 »
333	Id. **carafon**, bouchon taillé.......... id......................	35 id.	10 »
1038	Id. **bracelet**... id.... boule......... id.....................	40 id.	11 »
1037	Id. **rond à côtes**, bouchon boule.... id......................	40 id.	11 »
1072	Id. **conserve**, bouchon droit .... id.....................	40 id.	11 »
330	Id. **rond**........ id... à clef........ id.....................	45 id.	12 »
329	Id. **carré fantaisie**, bouc. croissant. id.....................	45 id.	12 »
1064	Id. **égyptien**........................ id.....................	45 id.	12 »
1020	Id. **poire**, bouchon à queue......... id.....................	45 id.	12 »
1063	Id. **boule à pointes**.............. id.....................	45 id.	12 »
1005	Id. **Marguerite**.................... id.....................	45 id.	12 »
331	Id. **à côtes**, long bouchon, émeri	45 id.	12 »
1006	Id. **carafe à côtes**, bouchon long à côtes, émeri	45 id.	12 »
1042	Id. **gourde à côtes**... id........... id.... id........... ..	45 id.	12 »
332	Id. **longue poire à côtes**, bouchon taillé. ... id...	45 id.	12 »
1041	Id. **carafe taillée**.......... id.... id...... id	45 id.	12 »
1011	Id.... id.. **de Venise**..... . id.. boule.... id.....	45 id.	12 »
1013	Id. **clochette**.............. id.... id...... id	45 id.	12 »
1043	Id. **plat**................... id.. fleur de lys, émeri	45 id.	12 »
1008	Id. **gourde**................. id.. croissant...... id..........	70 id.	15 »
1040	Id. **rond à côtes** .... id.. boule........ id..........	70 id.	15 »
1098	Id. **Légion d'Honneur**...... id................ id..........	70 id.	15 »
1065	Id. **plat**.................. id.. fleur de lys... id..........	90 id.	18 »
1089	Id. **potiche**............... id.. chinois....... id..........	90 id.	18 »
335	Id. **cloche unie**............ id.. boule........ id..........	90 id.	18 »
1023	Id. **rond**.................. id.. clef......... id.... id....	90 id.	18 »
1022	Id. **2 usages**, Pommade et Extrait.... .... id.........	45 id.	18 »
1099	Id. **clochette à spirales**................... id..........	40 id.	11 »
1100	Id. **corbeille**, diamanté. .... id..........	40 id.	11 »
1101	Id. **clochette à croix de Malte**.............. id.......	45 id.	12 »
1102	Id. **conique long à côtes**, bouchon long........ id	45 id.	12 »
1111	Id. **rosace**, bouché liége............................	15 id.	3 »
1112	Id. **petite hotte**, bouché liége	15 id.	3 »
1113	Id. **natte fine**...... id... id............................	15 id.	3 »
1114	Id. **ovale plat diamanté**, bouché liége...................	30 id.	6 »

Nos D'ORDRE	DÉSIGNATION DES ARTICLES		PRIX A LA DOUZAINE	
	Suite des EXTRAITS DOUBLES			
1115	**Fl. barique,** bouché liége............................	15 gr.	3	»
1116	Id. **main**...... id.... id..............................	25 id.	3	»
1118	Id. **ovale plat diamanté,** bouché liége	20 id.	4	50

Tous ces Modèles peuvent être vendus en Extrait triple.

EXTRAITS DOUBLES

ARTICLES DE LUXE

FLACONS DÉCORÉS

Nos D'ORDRE	DÉSIGNATION DES ARTICLES		PRIX A LA DOUZAINE	
337	**Fl. gourde**........ bouchon croissant, émeri	25 gr.	18	»
336	Id. **potiche**. .... id... chinois.... id...........	30 id.	21	»
1007	Id. **losange**................ id... boule.. ... id......... ..	30 id.	21	»
338	Id. **gourde.** .... id... croissant... id...........	50 id.	24	»
339	Id. **longue poire à côtes**.... id... boule.. ... id..	45 id.	24	»
1003	Id. **rond**.................... id..... id.... .. id.....	45 id.	24	»
1049	Id. **potiche**................ id..... id....... id...........	80 id.	27	»
1048	Id. **vase**.................... id..... id....... id...........	90 id.	27	»
1050	Id. **carafon**........ .... id...	50 id.	24	»
1073	Id. **clochette** .... bouchon boule..... id..........	50 id.	27	»
341	Id. **cloche**............ ..... id..... id....... id...........	80 id.	36	»
1051	Id. **carafon**......... .... id..... id....... id...........	90 id.	36	»
340	Id. **à côtes,** long bouchon...... .... id	45 id.	24	»
1055	Id. **demi-cristal rond,** bouchon glacé......... id..	100 id.	39	»

Tous ces Modèles peuvent être vendus en Extrait triple ou Essence concentrée.

Nos D'ORDRE	DÉSIGNATION DES ARTICLES	PRIX A LA DOUZAINE	
	Suite des EXTRAITS DOUBLES		
	FLACONS CRISTAL ET DEMI-CRISTAL		
1025	**Fl. cristal,** rond à pans, bouchon taillé...... .... 45 gr.	24	»
1056	Id... id...... id.... id..... id..... id.................... 70 id.	30	»
1014	Id. **demi-cristal,** fantaisie. id... champ. taillé... .... 70 id.	24	»
1045	Id... id..... id....... id.................... 70 id.	24	»
1044	Id... id..... id....... id.................... 70 id.	24	»
1046	Id. **demi-cristal,** rond, bouchon glace....... .... 75 id.	18	»
1047	Id... id..... id..... id..... id..... id.................. 120 id.	27	»
1054	Id. **cristal,** carafe taillée, bouchon long...................... 45 id.	21	»
1053	Id.... id..... id..... id.... id.... id......................... 55 id.	27	»
1110	Id.... id..... id..... id.... id.... id.................. 150 id.	48	»
1087	Id.... id... taillé, bouchon glace taillé.................... 50 id.	27	»
1026	Id.... id... carré.... id... champ. id.................... 55 id.	30	»
1027	Id.... id..... id.. .. id..... id... id.................... 65 id.	36	»
1028	Id.... id..... id..... id..... id... id.................. 150 id.	48	»
1081	Id.... id... **pyramide,** taillé, bouchon pointu................ 65 id.	39	»
1082	Id.... id... carafe, gravé fougère, bouchon long. .... 65 id.	39	»
1083	Id.... id... rond à pointes, étoile au fond, bouchon taillé....... 65 id.	54	»
1084	Id.... id.... id.. bas taillé, bouchon rond taillé............... 120 id.	51	»
1085	Id.... id.... id.. id.. id..... id..... id... id................ 140 id.	72	»
1086	Id.... id.... opale rond bambou, 4 couleurs.................. 120 id.	33	»
1098	Id.... id...... id.. médaillon, 4 couleurs, bouchon croix....... 20 id.	15	»

Tous ces Modèles peuvent être vendus en Extrait triple ou en Essence concentrée.

Nᵒˢ D'ORDRE	DÉSIGNATION DES ARTICLES	PRIX À LA DOUZAINE	

SEL DE VINAIGRE POUR RESPIRER

Nᵒˢ D'ORDRE	DÉSIGNATION DES ARTICLES	PRIX	
1091	**SMELLING SALTZ**, Fl. ord. en étui maroquin ovale..	18	»
1094	— — id.. id.... id..... id.... rond.	18	»
1092	— — id. cristal. id..... id..... id................	27	»
1093	— · id... id.. bouchon taillé, étui maroquin	36	»
1079	**Médaillon cristal**, 4 couleurs, bouchon croix.....................	12	»
1077	**Flacon cristal**, étui buis................................	15	»

VAPORISATEUR

POUR PURIFIER L'AIR DES APPARTEMENTS

Nᵒˢ D'ORDRE	DÉSIGNATION DES ARTICLES	PRIX	
752	**VAPORISATEUR** seul dans une boîte carton.....................	12	»
753	— avec Flacon de parfum, dans une boîte..........		
754	— pour la poche, Fl. verre uni....................	12	»
755	— . id..... id... id. clissé........................	36	»
756	— . id..... id... id. couv. en peau, ass. de couleurs.	42	»

EAUX

DE FLEURS D'ORANGER & DE ROSE

Nᵒˢ D'ORDRE	DÉSIGNATION DES ARTICLES	PRIX	
348	**EAU DE FLEURS D'ORANGER double,** petite sacoche.......	2	40
349	— — — — grande. id..........	5	»
350	— — — — 1/4 bouteille........	7	»
351	— — — — 1/2.... id..........	12	»

Nos D'ORDRE	DÉSIGNATION DES ARTICLES	PRIX A LA DOUZAINE	
	Suite des EAUX de FLEURS d'ORANGER et de ROSES		
757	**EAU DE FLEURS D'ORANGER** triple, sacoche verre bleu.......	—	
353	— — — — 1/4 bouteille...........	9	»
354	— — — — 1/2.... id...............	15	»
356	— **DE ROSES** double, 1/4 bouteille...........	7	»
357	— — — 1/2... id.	12	»
359	— — triple, 1/4... id.	9	»
360	— — — 1/2... id.	15	»

POUDRES & SACHETS

Pour parfumer le Linge et les Vêtements.

Nos D'ORDRE	DÉSIGNATION DES ARTICLES	PRIX A LA DOUZAINE	
170	**POUDRE D'IRIS,** en carton de 60 gr....................	5	»
171	— — .... id..... 125 id............................	9	»
758	— — en étui coquet de 6 petits sachets................	—	
759	— — en sacs papier blanc de 125 gr........... le kilo.	6	»
760	**VÉTYVER DE L'INDE,** en Botte..................la douz.	3	»

POUDRE DE FLORENCE

POUR FAIRE GLISSER LES GANTS

Nos D'ORDRE	DÉSIGNATION DES ARTICLES	PRIX A LA DOUZAINE	
173	**En sacs** de 125, 250 et 500 gr..................... le kilo.	2	50

Nᵒˢ D'ORDRE	DÉSIGNATION DES ARTICLES	PRIX À LA DOUZAINE	

SACHETS D'ODEURS

Nᵒˢ D'ORDRE	DÉSIGNATION DES ARTICLES		PRIX
761	**En étoffe rose**, assorti d'Odeurs...............................	2	»
791	**Sachet** papier blanc, avec vignettes assorties.....................	3	»
792	Id..... id.. blanc et or avec bouquet chromo.....................	4	50

ARTICLES

DE FANTAISIE

Nᵒˢ D'ORDRE	DÉSIGNATION DES ARTICLES		PRIX
1069	**Petite Malle** à fermoir........ 3 Fl. miniature, odeurs assorties......	12	»
1068	**Bouquet d'Extrait**, Boîte ovale, 6 id... id....... id.... id..........	18	»
1095	**Boîte ronde** riche............. 6 id... id....... id.... id..........	18	»
1071	Id..... id..................... 6 Fl. boule...... id.... id..........	24	»
1075	Id.. **à 2 compartiments**.... 2 grands Fl. émeri, odeurs assorties	36	»
1096	Id.. **en bois, à sujets coloriés**, 6 Fl. miniature... id...... id...	39	»
1117	Id...... id....... id...... id..... 2 id. grappe de raisin..........	30	»

Grand assortiment de Malles, Cartonnages, Boîtes et Nécessaires
en Laque et Bois exotiques.

N^{os} D'ORDRE	DÉSIGNATION DES ARTICLES	PRIX

ARTICLES EN GROS

Spécifier la nature des contenants qui seront facturés en dehors, aux prix du Tarif spécial, page 52.

Pommades

	PRIX
ORDINAIRE N° 1, Jaune, Rose, Verte, Brune et Blanche.... le kilo.	2	50
— **2** Id.... id.... id.... id....... id....... id....	3	»
— **3** Id.... id.... id.... id....... id....... id....	3	50
SURFINE.... N° 6, toutes odeurs désignées page 5......... id....	6	»
SUPERFINE N° 12.. id.... id..... id.... page 7......... id....	10	»
EXTRAFINE N° 24.. id.... id........................... id....	16	»
AUX FLEURS DE VIOLETTES N° 18................. id....	20	»
— — **24**................. id....	26	»

Huiles

	PRIX
SURFINE.... N° 6, toutes odeurs.......................... le kilo.	6	»
SUPERFINE N° 12.. id.... id........................... id....	10	»
EXTRAFINE N° 24.. id.... id........................... id....	16	»
AUX FLEURS DE VIOLETTES N° 18................. id....	20	»
— — **24**................. id....	26	»

Préparations pour les Cheveux et la Barbe

	PRIX
POMMADE HONGROISE, toutes couleurs................. le kilo.	12	»
BANDOLINE, Rose ou Blanche........................... le litre.	2	50
EAU DE QUININE N° 6............................. id....	2	50
— — **12**......................... id....	3	50
— — **18**......................... id....	4	»
EAU ATHÉNIENNE, toutes odeurs..................... id....	3	50
— **ROSE DE TUNIS**........................... id....	6	»
— **DE NYMPHÆA**........................... id....	5	»
EXTRAIT VÉGÉTAL, toutes odeurs.................... id....	3	50

N^{os} D'ORDRE	ARTICLES EN GROS	PRIX	

Préparations pour le Teint

COLD-CREAM à la Rose.................................... le kilo.	8	»
CRÊME A LA FRAISE rosée.............................. id....	10	»
POMMADE ROSAT pour les Lèvres....................... id...	10	»
EAU DE BENJOIN-VANILLE AMBRÉ................ le litre.	10	»

Poudres de Riz

ORDINAIRE, odeur unique................................ le kilo.	2	50
SUPERFINE, sans parfum................................. id....	2	50
— toutes odeurs................................ id....	3	50
— rosée, à la Fraise........................ id....	4	»
EXTRAFINE, Maréchale, Ananas, Rosée, Violettes de Parme. id. ..	6	»

Fards

BLANC DE PERLE en poudre, N° 1..................... le kilo.	60	»
— — .... id... N° 2.................. .... id....	20	»
— — en pâte........................... id....	40	»
— — liquide............................. le litre.	10	»
ROUGE VÉGÉTAL en poudre, N° 1..................... le kilo.	60	»
— — .... id... N° 2...................... id....	30	»
VINAIGRE DE ROUGE très-foncé....................... le litre.	10	»

Poudres à Poudrer

ORDINAIRE.. le kilo.	1	20
SURFINE.. id....	1	80
DE BLONDE, Céleste, Cendrée ou Impératrice.............. id....	6	»

Pâtes de Toilette

PATE AU MIEL... le kilo.	8	»
PATE D'AMANDE bise douce............................ id....	1	60
— — id. amère........................... id....	1	80
FLEUR D'AMANDE blanche douce....................... id....	2	60
— — id.... amère....................... id....	3	50
— — id.... aux Violettes de Parme........ id....	4	50

Nos D'ORDRE	·ARTICLES EN GROS	PRIX	

Dentifrices

EAU DENTIFRICE BRUNIER...................... le litre.	10	»
— dite de **BOTOT**.................... id....	7	»
ESPRIT DE MENTHE...................... id....	7	»
POUDRE DENTIFRICE.................. le kilo.	10	»
— DE CORAIL...................... id....	10	»
OPIAT........................ id....	10	»

Savon en Brique

SAVON BLANC, sans parfum (sauf variation), sans escompte. le kilo.	1	50
— — parfumé.... (.id..... id...). id.... id..... id....	1	60
— **ROSE**...... id....... (.id..... id...). id.... id..... id....	1	70

Poudres & Crêmes de Savon

POUDRE DE SAVON, Blanche, sans parfum.............. le kilo.	3	50
— — Windsor........................... id....	4	»
— — toutes odeurs...................... id....	6	»
— — Suc de Laitue...................... id....	8	»
CRÊME DE SAVON aux Amandes amères.................. id....	6	»
— — onctueuse à la Rose.................... id....	8	»
— — Suc de Laitue...................... id....	8	»
AMBROSIAL CREAM...................... id....	8	»

Eaux de Toilette

RHUM DE TOILETTE.................... le litre.	6	»
EAU DE VIOLETTE TRIPLE EXTRAIT.............. id....	10	»
— — DOUBLE.................... id....	6	»
EAU DE TOILETTE BRUNIER.................... id....		
— — IMPÉRIALE.................... id...	8	»
EAU DE VERVEINE TRIPLE.................... id....	6	»
— — DOUBLE.................... id....	5	»
EAU DE PORTUGAL TRIPLE.................... id...	6	»
— — DOUBLE.................... id....	5	»
EAU DE LAVANDE BLANCHE AMBRÉE.............. id....	7	»
— — — ' DOUBLE.............. id....	3	50

Nos D'ORDRE	ARTICLES EN GROS	PRIX	

Suite des EAUX DE TOILETTE

EAU-DE-VIE DE LAVANDE TRIPLE AMBRÉE..... le litre.		7	»
— — — DOUBLE............... id....		5	»
— — — ORDINAIRE F. M...... id....		2	»

Vinaigres de Toilette

VINAIGRE PARISIEN........................... le litre.		5	»
— VIOLETTES DE PARME.... .... id....		6	»

Eaux de Cologne

ORDINAIRE... F. M........................ le litre.		2	»
— ... N° 6.......................... id....		2	50
SIMPLE........ N° 12...................... id....		3	50
DOUBLE...... N° 18.... .... id....		4	»
TRIPLE........ N° 24...................... id....		6	»
SUPÉRIEURE N° 30...................... id....		8	»
EXTRAFORTE N° 36........ .... id....		10	»

Extraits d'Odeurs

DOUBLE........ N° 12.................... le kilo.		15	»
TRIPLE......... N° 24................... id ...		26	»
ESS. BOUQUET N° 1...................... id....		40	»
— — N° 2..................... id....		26	»
ESSENCE CONCENTRÉE VIOLETTES DE PARME.. id....		40	»
— — YLANG-YLANG............ id....		40	»
— — BOUQUET DE LA COUR.. id....		40	»

Eaux de Fleurs d'Oranger et de Roses

EAU DE FLEURS D'ORANGER double.............. le litre.		1	25
— — — — l'estagnon de 24 litres.		30	»
— — — triple............. le litre.		2	»
— — — . — l'estagnon de 24 litres.		40	»

N^{os} D'ORDRE	ARTICLES EN GROS	PRIX	

Suite des EAUX DE FLEURS D'ORANGER et de ROSES

EAU DE ROSES double .... le litre.	1	75
— — — .... l'estagnon de 24 litres.	36	»
— — **triple**................................. le litre.	2	50
— — — .... l'estagnon de 24 litres.	50	»

Poudres pour Sachets

POUR PARFUMER LE LINGE ET LES VÊTEMENTS

POUDRE D'IRIS D'ITALIE. .... le kilo.	5	»
ASSORTIES DES ODEURS SUIVANTES.............. id....	14	»

Maréchale.	Œillet.	Fèves Tonka.	Cassie.	Fleurs d'Italie.
Vanille.	Frangipane.	Patchouly.	Rose des Alpes.	Héliotrope.
Lavande Ambrée.	Mousseline.	Miel d'Angleterre.	Verveine.	Vétyver.
Fleurs d'Oranger.	Mille Fleurs.	Bouq^t Impératrice.	Jockey-Club.	Bouquet.

VIOLETTE, AMBRE, MUSC, CHYPRE........ .... le kilo.	30	»
PATCHOULY en Feuilles mondées............. .... id....	12	»
VÉTYVER en Racine............. .... id....	8	»

Poudre à Gants

POUDRE DE FLORENCE, pour faire glisser les Gants..... le kilo.	2	»

TARIF DES CONTENANTS

Sauf variations dans les Cours.

Boîtes ferblanc				Estagnons ferblanc				Pots faïence à pied			
Kos	Gr.	Fr.	C.	Kos	Gr.	Fr.	C.	Kos	Gr.	Fr.	C.
»	125	»	15	»	125	»	30	»	500	»	40
»	250	»	25	»	250	»	40	1	»	»	60
»	500	»	35	»	500	»	45				
1	»	»	50	1	»	»	55	Pots droits faïence			
1	500	»	70	1	500	»	70	Kos	Gr.	Fr.	C.
2	»	»	80	2	»	»	85	»	125	»	15
2	500	»	90	2	500	1	»	»	250	»	20
3	»	1	»	3	»	1	25	»	500	»	30
4	»	1	20	4	»	1	50	1	»	»	50
5	»	1	50	5	»	1	75	1	500	»	75
6	»	1	75	6	»	2	»	2	»	1	»
7	»	2	»	7	»	2	25	3	»	1	20
8	»	2	25	8	»	2	50	4	»	2	25
9	»	2	50	9	»	2	75	5	»	3	»
10	»	2	75	10	»	3	25				
12	»	3	50	12	»	4	»	Pots de nuit faïence			
15	»	4	50	15	»	5	»	Kos	Fr.		C.
20	»	5	50	20	»	6	»	2	»		75
25	»	6	50	25	»	7	»	3	1		»
								4	1		50
								5	2		»

Bouteilles verre noir			Malles bombées			Malles de Dames		à 1 Chassis		à 2 Chassis	
	Fr.	C.		Fr.	C.			Fr.	C.	Fr.	C.
1/2 litre. .	»	20	27 pouces.	5	»						
Litre. . . .	»	25	30 »	5	25						
. . . . . .	»	»	33 »	6	»	60 cent.		9	50	10	50
. . . . . .	»	»	36 »	6	50	65 »		10	50	12	»
. . . . . .	»	»	39 »	7	»	70 »		11	50	13	»
. . . . . .	»	»	42 »	8	»	75 »		13	50	15	»

Tous les Contenants et Emballages sont facturés aux Prix nets.

[Cachet : BIBLIOTHÈQUE NATIONALE — R.F. — IMPRIMÉS]

TABLE

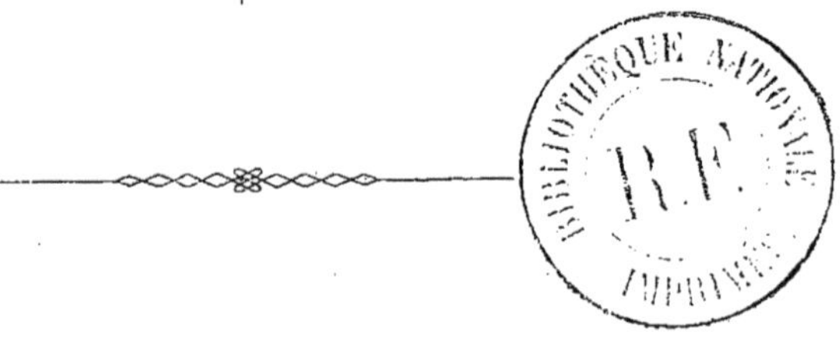

PARIS. — IMPRIMERIE DE CH. CHAUMONT, 6, RUE SAINT-SPIRE.

BIBLIOTHÈQUE NATIONALE — R. F. — IMPRIMÉS

PARIS — IMPRIMERIE DE CH. CHAUMONT, 6, RUE SAINT-SPIRE.

www.ingramcontent.com/pod-product-compliance
Ingram Content Group UK Ltd.
Pitfield, Milton Keynes, MK11 3LW, UK
UKHW020044100726
13658UKWH00004B/1524